고국천왕은 한나라와의 전쟁을
승리로 이끌어 백성들의 지지를 얻게 되자
개혁을 펼쳐 나갔어요. 5부족을 5부로 바꾸었으며,
왕위를 형제가 아닌 아들이 잇게 했지요.
또한 을파소를 국상에 앉혀 우리나라 최초의
환곡 제도인 진대법을 시행했어요.
자, 고구려의 역사 속으로 들어가 볼까요?

추천 감수 박현숙(고대사)

고려대학교 사범대학 역사교육과를 졸업하고 동 대학원에서 문학박사 학위를 받았습니다. 현재 고려대학교 사범대학 역사교육과 교수로 재직 중이며, 백제 문화와 고대 인물사 등에 대한 활발한 연구를 계속하고 있습니다. 쓴 책으로 〈백제의 중앙과 지방〉, 〈한국사의 재조명〉 등이 있습니다.

추천 감수 정구복(고려사 · 조선사)

서울대학교 사범대학 역사교육과를 졸업하고 서강대학교에서 문학박사 학위를 받았습니다. 한국학중앙연구원 한국학대학원의 교수로 재직 중이며, 한국학중앙연구원 한국학대학원 원장을 역임하였습니다. 쓴 책으로 〈한국인의 역사 의식〉, 〈역주 삼국사기〉, 〈한국 중세 사학사 1, 2〉 등이 있습니다.

추천 감수 김한종(근현대사)

서울대학교 사범대학 역사교육과를 졸업하고 동 대학원에서 역사교육을 전공하여 문학박사 학위를 받았습니다. 현재 한국교원대학교 교수로 재직 중입니다. 쓴 책으로 〈역사 교육 과정과 교과서 연구〉, 〈역사 교육의 내용과 방법〉(공저), 〈한 · 중 · 일 3국의 근대사 인식과 역사 교육〉(공저), 〈역사 교육과 역사 인식〉(공저) 등이 있습니다.

고증 문중양(과학사)

서울대학교 계산통계학과를 졸업하고 동 대학원에서 이학박사 학위를 받았습니다. 쓴 책으로 〈우리 역사 과학 기행〉, 〈우리의 과학문화재〉(공저), 〈세종의 국가 경영〉(공저) 등이 있습니다.

고증 정연식(생활사 및 복식)

서울대학교 국사학과를 졸업하고 동 대학원에서 문학박사 학위를 받았습니다. 쓴 책으로 〈조선 시대 사람들은 어떻게 살았을까?〉(공저), 〈일상으로 본 조선 시대 이야기 1, 2〉 등이 있습니다.

글 박영규

1996년 밀리언셀러 〈한권으로 읽는 조선왕조실록〉을 출간한 이후 〈한권으로 읽는 고려왕조실록〉, 〈한권으로 읽는 백제왕조실록〉, 〈한권으로 읽는 신라왕조실록〉 등 '한권으로 읽는 역사 시리즈'를 펴내면서 쉽고 재미있는 역사책 읽기의 바람을 일으켰습니다. 그 외에도 〈교양으로 읽는 한국사〉 등의 많은 역사책을 썼습니다.

그림 조민경

홍익대학교 동양화과를 졸업하고 한국출판미술협회 회원이 되었습니다. 현재 프리랜서 일러스트레이터로 활동하고 있으며, 그린 책으로 〈꼭꼭 숨어라〉, 〈성냥팔이 소녀〉, 〈좁쌀 한 톨〉, 〈만복이는 풀잎이다〉, 〈얼레꼴레 결혼한대요〉, 〈향기나는 친구〉 등이 있습니다.

이미지 제공

연합포토, 중앙포토, 국립중앙박물관, 국립부여박물관, 국립경주박물관, 국립민속박물관, 유연태(사진작가), 허용선(사진작가)

광개토 대왕 이야기 한국사 **07** 고구려

형제 상속에서 부자 상속으로

총기획 및 발행인 박연환
발행처 (주)한국헤르만헤세
출판등록 제17-354호
연구개발원 경기도 성남시 분당구 금곡동 444-148
대표전화 (031)715-7722
팩스 (031)786-1100
본사 서울시 송파구 석촌동 7-3
대표전화 (02)470-7722
팩스 (02)470-8338
고객문의 080-715-7722
편집 임미옥, 백영민, 윤현주, 지수진, 최영란
디자인 장월영, 주문배, 김덕준, 김지은

ⓒ Korea Hermannhesse

이 책의 표지는 일반 용지보다 1.5배 이상 고가의 고급 용지인 드라이보드지를 사용해 제작하였습니다. 표지를 드라이보드지로 제작하면 습기의 영향을 덜 받기 때문에 본문 용지가 잘 울지 않고, 모양이 뒤틀리지 않아 책을 오랫동안 보존할 수 있습니다.

이 책은 기존의 석유 잉크 대신 친환경 식물성 원료인 대두유 잉크를 사용하여 인쇄하였습니다. 대두유 잉크는 선진국에서 널리 사용하고 있는 고가의 대체 잉크로, 휘발성이 적어 인쇄 상태의 보존이 용이하고, 인체에 무해할 뿐만 아니라 눈에 부담을 주지 않는 자연스러운 색을 내는 특징이 있습니다.

형제 상속에서
부자 상속으로

상속에서

상속으로

감수 **박현숙** | 글 **박영규** | 그림 **조민경**

한국헤르만헤세

개혁을 이루어 낸 고국천왕

흔들리는 고구려

고구려는 소노부, 절노부, 순노부, 관노부, 계루부 등
다섯 부족이 힘을 합쳐 세운 나라였어요.
처음에는 소노부의 힘이 가장 강해 왕도 소노부에서 나왔어요.
하지만 동명 성왕이 계루부 족장의 사위가 되어 크게 활약하면서
계루부가 가장 강한 부족이 되었어요.
결국 계루부가 다섯 부족 가운데 새로운 강자로 떠오르게 되었고,
동명 성왕 이후로는 계루부에서만 왕이 나오게 되었지요.
그렇지만 다른 네 부족들도 여전히 그 힘을 유지하고 있었어요.

계루부 출신의 고구려 왕들은 다른 부족의 여자를 왕비로 맞아들여
부족 간의 화합을 위해 노력했어요.
그런데 소노부에서는 왕비가 나오지 않았어요.
계루부 다음으로 힘이 센 소노부에서 왕비가 나오면
소노부의 힘이 더 세어질 것을 왕들이 경계했기 때문이지요.
이런 균형이 깨진 것은 제7대 차대왕 때였어요.
그전까지는 다섯 부족에서 비롯된 귀족 가문이 고구려를 지배했지요.
명림답부가 포악한 차대왕을 몰아낼 때 절노부가 큰 힘을 발휘했어요.
절노부는 부족 시대의 이름이고 이것이 귀족 가문으로 발전하면서
'연나부'라고 불렸는데, 명림답부도 연나부 출신이었어요.
차대왕이 죽임을 당하자 고구려의 권력을 쥐게 된 것은 연나부였어요.
왕은 여전히 계루부 출신이었지만, 왕비는 주로 연나부에서 나왔지요.

명림답부는 고구려의 정치와 군사에 관한 일을 도맡아 보았어요.

그는 모든 일에 공명정대하고 사심이 없는 사람이었어요.

그래서 신대왕 때는 연나부가 큰 문제를 일으키지 않았어요.

하지만 명림답부와 신대왕이 죽자 문제가 터지기 시작했어요.

왕비를 낸 연나부가 나랏일에 간섭을 하기 시작한 것이지요.

이렇게 되자 신대왕의 뒤를 이어 왕위에 오른 제9대 고국천왕의 고민은

이만저만이 아니었어요.

"나라가 온통 외척들의 손아귀에 들어가 버렸구나!"

외척이란 왕비의 친척들 곧 왕비가 나온 연나부 사람들을 말해요.

그때는 왕비가 연나부에서 나왔기 때문에 연나부의 힘은 점점 강해졌어요.

특히 연나부 출신의 명림답부가 폭군 차대왕을 몰아내는 데 큰 공을 세웠기

때문에 높은 벼슬은 연나부가 모조리 차지하고 있었어요.

'외척들이 중요한 벼슬을 다 차지하고 있으니 정작 능력 있는 인재들을 쓸

수가 없구나. 이래서야 왕이 된다 한들 내 뜻을 펼칠 수 있겠는가?'

고국천왕은 이런 생각을 가지고 있었어요.

더구나 명림답부가 세상을 떠나자 눈치 볼 사람이 없어진 외척 세력은

백성을 괴롭히는 나쁜 짓을 일삼았어요.

이들 가운데 대표적인 인물은 좌가려와 어비류였어요.

무서워서
숨도 못 쉬겠네.

고국천왕은 외척들을 모조리 몰아내고 싶었어요.

그래서 평소 아끼던 신하와 의논을 했어요.

"좌가려, 어비류 등 외척들의 횡포가 극심하다네. 그들이 명림답부에게
쫓겨난 차대왕과 다를 게 무엇이란 말인가? 왕인 내가 마음대로 뜻을
펼칠 수 있는 게 하나도 없으니 답답하오. 좋은 방도가 없겠는가?"

신하는 조용히 입을 열었어요.

"폐하는 왕위에 오르신 지 아직 얼마 되지 않았습니다.
그들의 힘은 막강합니다. 조용히 때를 기다리시옵소서."

고국천왕은 속으로 분노를 삭일 수밖에 없었어요.

"때를 기다려라? 하긴, 비록 내가 왕이라 할지라도 지금 당장 할 수 있는
일이 없구나. 앞으로 어떻게 하는 게 좋겠는가?"

"우선 연나부와 사이좋게 지내야 할 것입니다.

지금 그들을 건드린다면 폐하의 자리가 위태로워질 것입니다.

그러니 마음을 다스리십시오. 마침 지금 왕비 자리가 비어 있으니

연나부 출신 중에서 왕비를 맞아들이는 것이 어떻겠습니까?"

고국천왕은 신하의 말이 못마땅했어요.

"꼭 그렇게까지 해야만 하겠는가?"

"그들이 폐하의 마음을 눈치채선 안 됩니다.

연나부에서 왕비를 뽑으시면 그들도 마음을 놓게 될 것입니다.

그렇지 않다면 그들이 어떤 일을 꾀할지 모릅니다.

먼저 그들을 폐하의 편으로 만든 다음 후일을 도모하셔야 합니다."
고국천왕은 고개를 끄덕였어요.
자신과 나라를 위해 신하의 말대로
하는 것이 옳다고 생각한 것이지요.

꼭 그렇게까지
해야 하겠는가?

연나부에서
왕비를 맞아들여야
합니다.

고국천왕은 연나부 출신 우소의 딸을 왕비로 맞아들였어요.

그리고 연나부와 친하게 지내는 척하면서 때를 기다렸지요.

고국천왕은 뒤에 외척 세력을 몰아내는 데 성공할 수 있었어요.

〈삼국사기〉에는 고국천왕에 대해 다음과 같이 쓰여 있어요.

고국천왕은 키가 무려 9척이나 되고, 몸집이 크며 힘이 아주 셌다.
그리고 나랏일을 돌보는 데는 너그러우면서도 예리하였다.

전쟁을 승리로 이끈 고국천왕

고국천왕이 왕위에 오른 지 5년이 지난 무렵인 184년에
요동 태수가 고구려로 쳐들어왔어요.
고국천왕은 황급히 막냇동생 계수를 전쟁에 보냈어요.
당시 한나라는 농민들이 들고일어나 어지러운 상태였기 때문에
군사들이 강할 리 없었어요. 그래서 고국천왕은
계수가 어렵지 않게 한나라 군대를 막을 수 있을 거라고 생각했지요.
하지만 결과는 달랐어요.
"폐하, 적의 기세가 생각보다 거세 쉽게 감당할 수 없었습니다.
부끄럽게도 일단 물러났습니다."
고국천왕은 자리에서 천천히 일어나며 말했어요.

"저들을 너무 얕보았구나. 내가 직접 나서겠다!"

고국천왕은 직접 군사들을 이끌고 한나라 군대에 맞섰어요.
이 싸움은 명림답부가 크게 이긴 적 있는 좌원에서 벌어졌어요.
"한나라 군사들은 고구려의 산악 지대를 잘 모른다.
깊은 계곡과 험한 바위가 우리의 든든한 무기가 되어 줄 것이다.
지금 나아가서 한나라 군사들을 하나도 남기지 말고 쳐부수자!"
고국천왕은 고구려의 독특한 전술을 펼치며 한나라군을 크게
무찔렀어요. 〈삼국사기〉에는 이 싸움에서 '한나라 군사들의 머리가
산더미처럼 쌓였다.'라고 기록되어 있어요.

왕이 전쟁을 승리로 이끌자

백성과 신하들은 고국천왕을 우러러보기 시작했어요.

"우리 임금이 한나라 놈들을 모조리 베어 버렸다는군."

이러한 말은 곧 고국천왕이 전쟁을 통해 영웅이 되었음을 뜻하지요.

고국천왕은 마침내 외척 세력과 맞설 수 있는 힘을 갖게 되었답니다.

외척을 물리친 고국천왕

190년에 고국천왕은 드디어 외척을 몰아내기로 마음먹었어요.

전쟁에서 승리한 뒤 백성과 신하들의 지지를 받았기 때문이지요.

그러자 좌가려와 어비류는 군사를 동원하여 궁궐을 공격했어요.

하지만 고국천왕의 군대에 패하고 말았어요.

눈엣가시를 없앤 고국천왕은 여러 가지 개혁 정책을 폈어요.

능력을 보아 인재를 뽑았고, 다섯 부족 체제를 없애고,
나라를 동·서·남·북·중으로 나누어 다스렸어요.

하지만 고국천왕의 개혁에 불만을 가진 사람이 나타났어요.

고국천왕의 동생인 발기였지요.

발기는 소노부와 한나라의 힘을 빌려 고국천왕을 치려고 했어요.

이번에도 고국천왕은 발기의 반란을 잠재웠어요.

안팎의 어려움을 극복한 고국천왕은 개혁에 더욱 박차를 가했어요.

역사에 길이 남을 재상, 을파소

고국천왕에게는 을파소라는 아주 현명한 재상이 있었어요. 을파소는
고국천왕 13년에 국상으로 추대되었는데,
그를 추천한 사람은 안류라는 사람이었어요.
"고구려에는 저보다 뛰어난 을파소라는
사람이 있습니다. 유리왕 때의 대신인 을소의
자손으로, 지금은 농사를 짓고 있습니다. 그를
폐하 곁에 두시면 큰 도움이 될 것입니다."
고국천왕은 을파소를 궁궐로 불렀어요.
초라한 옷에 손에는 흙물이 잔뜩 묻어 있었지만
을파소는 어딘지 모르게 기품이 있었어요.
고국천왕은 한눈에 을파소가 큰 그릇임을 알고
국상의 자리를 내주었어요.
신하들이 불만을 쏟아 냈지만 을파소를
알고 있던 신하들은 고국천왕의 결정을
반겼어요. 마침내 을파소는 훌륭한
국상이 되었어요. 그를 의심하던 신하들도
믿고 따를 정도였지요.
"폐하, 백성들이 굶주림에 시달리고
있습니다. 대책을……."

저 대신 을파소를
추천하고
싶사옵니다.

"국상의 뜻은 알지만 워낙 식량이 부족한 나라인데, 어떻게……."
"폐하, 나라에서 곡식을 빌려 주시옵소서. 백성들이 가장 힘든 때는
3월입니다. 가을에 곡식을 모아 두었다가 봄에 백성들에게 빌려 주고
추수가 끝나는 10월에 갚게 하면 어떨까 합니다."
"어찌 이제까지 그런 생각을 못 했을꼬? 정말 좋은 생각이오.
백성을 사랑하는 마음이 정말 지극하구려."

봄에 곡식을 빌려 주고 가을에 갚게 하는 환곡 제도인 진대법은 이렇게
시작되었어요. 이 제도는 이후 고려와 조선 시대에까지 이어졌어요.
이전까지는 나라에서 백성의 생활을 책임진다는 의식이 부족했어요.
하지만 이때부터 나라가 백성의 굶주림을 해결한 것이지요.
그리고 이러한 생각은 지금까지도 이어지고 있어요.
을파소는 이렇게 역사에 길이 남을 뛰어난 재상이었답니다.

형수와 혼인한 산상왕

다시 외척을 키우는 우 왕후

197년 5월, 뜻깊은 개혁을 이루어 낸 고국천왕이 숨을 거두었어요.

그러자 왕비인 우 왕후는 나쁜 생각을 품었어요.

고국천왕에게 버림받은 연나부를 다시 일으켜 세우고 싶었지요.

"아무도 왕이 죽었다는 사실을 모르니, 지금이야말로 좋은 기회다.

우리 부족의 영광을 되살릴 때다."

우 왕후는 자신이 또다시 왕비가 될 생각까지 했어요.

고국천왕에게는 아들이 없어 동생이 왕위를 이어야 했어요.

고국천왕에게는 3명의 동생이 있었어요.

왕비는 먼저 첫째 동생 발기를 찾아갔어요.

"왕후께서 이 시간에 어인 일이신지요? 어서 안으로 드시지요."

우 왕후는 주위를 살핀 뒤 조용히 말했어요.

"왕께서 아들이 없으니, 이제 대군께서 왕위를 이어야 하지 않겠습니까?"

발기는 이 말을 듣고 수상하게 생각했어요.

'왕후가 반란을 꾀하는 건 아닐까? 갑자기 무슨 소린지 알 수가 없군.'

"왕은 하늘이 내는 것입니다.
그런데 왕후께서 왜 하늘의 뜻을 이루려 하십니까?
돌아가 폐하의 병을 고치는 데 힘쓰십시오."
발기의 말에 몹시 기분이 상한 우 왕후는
곧바로 둘째 동생 연우의 집으로 갔어요.
연우는 신발도 신지 못하고 급하게 나와
우 왕후를 맞이했어요.

호호호,
이러지 않아도
되는데….

차 한 잔
드시옵소서.

22

"늦은 밤에 왕후께서 몸소 이렇게 찾아 주시니 큰 영광입니다."

연우는 차와 과일을 내오며 우 왕후를 정성껏 대접했어요.

"대군께서 이렇게 예의를 지켜 주시니 제 진심을 말씀드릴게요.

조금 전에 전하께서 돌아가셨습니다. 왕께는 아들이 없지요? 그래서 큰

대군을 찾아갔더니 그 사람은 저를 의심해 예의 없이 대했습니다.

하지만 대군께서는 저를 이렇게 반겨 주시는군요."

눈치가 빠른 연우는 우 왕후의 말뜻을 금세 알아차렸어요.

우 왕후는 그런 연우가 몹시 마음에 들었어요.

"돌아가신 폐하께서 연우 대군을 다음 왕으로 세우라고 하셨다고

말하겠습니다. 대신 저를 왕비로 맞이하셔야 합니다."

연우는 왕이 될 욕심에 선뜻 왕후의 제안을 받아들였어요.

다음 날 우 왕후는 신하들을 모아 놓고 말했어요.

"어젯밤에 폐하께서 돌아가셨습니다. 폐하께서는 연우 대군이 왕위를

잇게 하라고 명령하셨으니 모두들 그 뜻을 따라 주십시오."

하지만 이 소식을 들은 첫째 대군 발기는 가만히 있지 않았어요.

"왕후가 어젯밤 나를 찾아온 이유가 거기에 있었구나.

신하들이 왕후의 간사한 꾀에 넘어갔어!"

화가 난 발기는 군사를 모아 반란을 일으켰어요.

반란에 시달리는 산상왕

군사를 모은 발기는 곧 궁궐을 에워싸고 소리쳤어요.

"연우 네 이놈! 감히 나를 제쳐 두고 왕위를 차지하다니 너 같은 놈은
죽어 마땅하다. 지금 나오면 네 가족들은 살려 주마. 어서 나오거라!"

하지만 연우는 궁궐 문을 닫아걸고 신하들에게 명령했어요.

"이 왕궁은 높은 벽으로 둘러싸여 있고 군사들도 충분하니, 그 누구도
함부로 쳐들어올 수 없다. 시간이 지나면 지쳐 돌아갈 것이다."

그러자 신하들은 걱정스런 얼굴로 말했어요.

"바깥에 있는 폐하의 가족들도 해칠 생각인 것 같습니다."

"어쩔 수 없다. 하지만 기필코 그에 걸맞는 벌을 내릴 것이니라."

연우가 나오지 않자 발기는 연우의 아내와 자식들을 잡아 죽였어요.

하지만 연우는 꿈쩍도 하지 않았어요. 이렇게 3일이 지나자
발기의 군사들은 점점 겁을 먹기 시작했어요.

"이대로 가면 우리가 잘못되는 거 아니야?"

발기도 속이 타기는 마찬가지였어요.

"분하구나. 이렇게 꿈쩍도 안 하니 누구에게든 도움을 청해야겠다."

24

발기는 한나라의 요동 태수를 찾아갔어요.

왕위를 빼앗긴 억울함에 사로잡혀 고구려를 등진 것이지요.

"저는 고구려 왕의 첫째 동생 발기입니다. 왕비가 동생 연우와 짜고

왕이 돌아가신 사실을 속이고 왕위까지 빼앗았습니다. 제게 군사 3만

명을 내주시면 저들을 무찌르고 은혜를 갚겠습니다."

요동 태수 공손도는 속으로 무척 좋아했어요.

'저자가 성공한다면 나는 전쟁에 나서지 않고도 큰 공을 세우는 게 될

것이다. 고구려 왕족끼리 치고받겠다니, 나한테 손해날 것은 없지 않은가.'

공손도는 곧 발기에게 군사를 빌려 주어 고구려로 쳐들어가게 했어요.

그러나 발기는 연우가 보낸 막내 동생 계수에게 패하고 말았어요.

발기는 얼굴을 들지 못하고 그 자리에서 스스로 목숨을 끊고 말았어요.

이렇게 왕이 된 연우가 고구려 제10대 산상왕이에요.

하지만 산상왕은 근심을 떨쳐 버릴 수 없었어요.

외척 세력이 다시 힘을 얻어 그들의 눈치를 살펴야 했거든요.

'우 왕후 덕분에 왕이 되었으니 어쩔 수 없는 일이지.'

한편 중국에서는 한나라가 무너지고 여러 세력이 일어나고 있었어요.

을파소는 국상답게 국제 상황을 정확히 꿰뚫고 있었지요.

"폐하, 한나라가 기울면서 북쪽에서는 조조가 위나라를 세우고, 남쪽의
양쯔 강 하류에서는 손권이, 서쪽에서는 유비가 힘을 모으고 있습니다.
지금이 고구려 영토를 한껏 넓힐 때입니다. 그러기 위해서는 먼저 천도를
하는 것이 좋을 듯합니다. 도읍을 옮기면 나라 운영 방향도 바뀌고,
예전 도읍에서 큰 힘을 발휘하던 사람들의 세력이 약해지며,
새로운 도읍에 사는 사람들이 세력을 얻습니다."
"도읍을 옮기자고? 그럼 어디로 도읍을 옮긴단 말이오?"

도읍을 옮기잔
말이오?

고조선의 옛 땅을
되찾을 기회를
마련해야 합니다.

"북쪽의 환도성이
적당할 듯합니다.
그곳의 방어를
튼튼하게 한 뒤 영토를
넓힐 기회를 엿보아야 할 것입니다."
산상왕은 을파소의 의견을
따르기로 결정했어요.
이 일이 알려지자마자
외척들이 들고일어났어요.
203년에 을파소가 죽었지만,
산상왕은 백성들의 도움과
왕자의 출생 등으로 힘을
얻어 마침내 도읍을 옮겼어요.

고구려 역사상 세 번째로 도읍을 옮긴 것이었어요.

217년에는 중국의 하요가 수천 명의 백성들을 이끌고 고구려에 망명한 것을 계기로 고구려는 중국을 향해 한 걸음 더 다가가게 되었어요.

산상왕은 섣부른 전쟁보다는 도읍을 옮긴 만큼, 먼저 백성들을 보살피는 데 힘썼어요. 그리고 중국의 상황을 지켜보면서 조용히 때를 기다렸어요.

현재 환도성의 위치가 어딘지에 대해서는 여러 의견이 있어요.

압록강에서 멀지 않은 국내성 근처라고도 하고,

국내성이 바로 환도성이라고도 해요.

중국의 역사책인 〈요사〉에는 환도성이

위나암성으로부터 서남쪽으로 약 200리 떨어져

있다고 나와 있어요.

도읍지 성을 쌓는 일이니 잘 다듬어야지.

이에 따르면 고구려의 환도성과 위나암성은

서로 다른 성으로, 〈삼국사기〉에서 환도성을

위나암성으로 기록한 것과는 차이가 있어요.

하지만 무엇이 옳다고 단정지을 수는 없어요.

다만 환도성의 위치가 어디냐에 따라

고구려의 힘이 어디까지 미쳤는가가

달라지기 때문에 앞으로

더 많은 연구가 필요하답니다.

29

위나라와 맞붙은 동천왕

속이 깊은 어린 왕자

아들이 없어 걱정하던 산상왕은 어느 날 기도를 하던 중에 신기한 꿈을
꾸었어요. 천신이 내려와 작은 아내로 하여금 아들을 낳게 해 준다는
것이었지요.

'이상한 꿈이군. 내겐 작은 아내가 없는데 어찌……'

산상왕은 208년 11월 어느 날, 믿을 만한 신하를 불렀어요.

"너도 알다시피 우 왕후는 너무 늙어 아이를 낳을 수 없고,
또한 외척들 때문에 후궁도
받아들일 수가 없다.
뒤를 이을 아들을 낳을 꾀를 써야겠다.
마침 며칠 후 제사를 지내러
궁궐 밖에 나갈 것이니
그때 제사에 쓸 돼지를 일부러
풀어 주도록 해라.
그리고 돼지를 쫓아가 그
근처에서 적당한 여인을
찾도록 하라."

"알겠습니다. 분부대로 거행하겠습니다."

고구려에서는 하늘에 제사 지내면서 돼지를 제물로 썼어요.

만일 그 돼지로 여인과 인연을 맺게 되면 누구도 뭐라고 할 수 없었지요.

며칠 후 제사를 지내는 날, 신하는 일부러 돼지를 놓아주었어요.

병사들이 돼지를 잡으려고 애썼지만 잡을 수가 없었어요.

그때 한 여인이 나타나더니 재빠르게 돼지를 쫓아다니더니 붙잡았어요.

"하늘에 바칠 제물을 잡아 준 여인을 만나 큰 상을 내려야겠다."

산상왕은 몇 명의 신하들만 데리고 여인을 찾아갔어요.

"허허허, 하늘의 뜻이로다. 하늘이 돼지를 보내 나와 너를 만나게 했으니

나를 받들어 내 아들을 낳도록 하라."

"뜻은 따르겠사오나 아들을 낳으면 저와 제 자식을 돌봐 주시옵소서."

"걱정 말거라. 내 반드시 약속을 지킬 것이다."

31

제가 바로
고구려 왕자
교체랍니다.

산상왕은 그날 밤 여인과 몰래 하룻밤을 보냈어요.

우 왕후는 분노하며 그 여인의 목을 가져오라고 했어요.

우 왕후가 보낸 군사들이 칼을 들이대자 여인은 소리쳤어요.

"내 몸 속에는 폐하의 아이가 자라고 있다.

나를 죽이면 너희 목숨도 온전치 못할 것이다!"

왕자를 가졌다는 말에 군사들은 여인을 데리고 궁궐로 왔어요.

"뭐야? 폐하의 아이를 가져? 어서 죽이지 못할까!"

"우 왕후, 참으시오! 장차 왕위를 이을지도 모르는 아이를 가진 여인이오.

여인을 내게 데리고 오라."

여인이 다가오자 산상왕은 부드러운 목소리로 말했어요.

"네가 아이를 가진 것이 확실한가?"

"그렇사옵니다. 제가 어찌 거짓을 아뢰겠습니까?"

이듬해 9월에 여인이 아들을 낳았어요.

산상왕은 왕자의 이름을 교체라고 지었어요.

교체는 다섯 살이 되던 213년에 태자에 올랐어요.

우 왕후와 외척들은 교체가 태자가 되는 것을 막아 보려고 애썼지만,

산상왕은 조금도 흔들리지 않았어요.

교체가 무럭무럭 자라자 우 왕후는 불안했어요.

'저놈이 왕이 되면 나는 물론 우리 부족도 힘을 잃을 거야!'

우 왕후는 어린 교체에게 자주 매를 들었지만 교체는 잘 견뎌 냈어요.

그리고 227년 마침내 왕위에 오르니, 그가 바로 고구려 제11대
동천왕이랍니다. 동천왕이 왕위에 오른 뒤에도 우 왕후는 못된 짓을
멈추지 않았어요. 그래도 동천왕은 우 왕후를 벌하지 않고 꾹 참았어요.
사람들은 이런 동천왕의 너그러움을 높이 샀어요.

동천왕의 큰 꿈

동천왕은 매우 너그러운 인물이었어요. 우 왕후와 외척이 속을 썩여도
싸우지 않고 꾹 참았고, 오히려 은혜를 베풀어 주었지요.

"연나부의 명림어수에게 국상의 벼슬을 내리노라."

연나부는 우 왕후의 부족으로, 동천왕은 이들에게 벼슬을 주어
외척들과의 싸움을 피했어요. 아직은 외척의 힘이 강하여 연나부를
적으로 만들면 나라가 어지러워지기 때문에 그랬던 것이지요.

동천왕이 연나부를 가만히 놓아두는 데는 또 다른 이유가 있었어요.

동천왕의 꿈은 고조선의 옛 땅을 되찾는 것이었어요.

'지금이 기회야. 한나라는 망했고, 그곳에 위·촉·오나라가 들어섰어.

이들이 중국을 통일하기 위해 서로 싸우는 틈을 이용하는 거야!'

중국의 세 나라 역시 고구려가 강대국이라는 걸 알고 서로 도움을

받고자 했어요. 특히 위나라와 오나라는 사신까지 보내 도움을

청했어요.

"경들, 고조선의 옛 땅을 우리에게 주는 조건을 받아들인다면

위나라를 돕는 것이 좋다고 생각하오."

이렇게 해서 동천왕은 234년에 위나라와 손을 잡았어요.

그러나 오래가지 않아 위나라는 고구려와의 약속을 저버렸어요.

238년에 위나라는 고구려의 도움으로 연나라를 무찔렀어요.

하지만 위나라는 고조선의 옛 땅을 고구려에 돌려주기로 한 약속을

지키지 않았어요.

옛 땅을 되찾으려는 동천왕

"폐하, 위나라가 촉나라에게 계속 패하고, 죽은 황제 조예의 뒤를

8살짜리 조방이 이었다고 합니다. 이 기회에 땅을 넓히시옵소서!"

"약속을 헌신짝처럼 버린 위나라를 그냥 둘 수 없다!

모두 힘을 합하여 고조선의 옛 땅을 되찾으러 가자!"

동천왕은 군사들을 모아 요동으로 보냈어요.

요동에서 손쉽게 승리를 거두자, 이번에는 고조선의 옛 땅인 현도를

공격하여 기어코 고구려의 손에 넣었어요.

가는 곳마다 승리를 거두자 불안해진 것은 위나라였어요.

위나라는 고구려를 막기 위해 가장 용감한 장수인 관구검을 보냈어요.

그러나 관구검 역시 고구려의 상대가 되지 못했어요.

결국 동천왕은 요동과 현도는 물론 발해만 부근의 고조선 옛 땅을

되찾았어요.

위나라의 관구검은 연이은 패배에도 굴하지 않고

고구려군을 꺾으려고 노력했어요.

244년 8월에 관구검은 수만 명의 군사를 이끌고 고구려를 공격했어요.

그러나 동천왕의 뛰어난 전략에 말려 또 패배를 당하고 말았어요.

"역시 고구려는 강한 나라야! 다른 방법을 써야겠어."

관구검은 성에 들어가 방어만 하기로 한 것이지요.

동천왕은 그런 관구검을 보고 더 맹렬하게 공격을 퍼부었어요.

신하들이 말렸지만 동천왕은 무리할 정도로 밀어붙였어요.

"이번 기회에 위나라를 완전히 없앨 것이다! 공격하라!"

관구검은 요새 안에서 꼼짝도 하지 않고

고구려군이 지치기만을 기다렸어요.

동천왕은 한참이 지난 후에야 자신의 작전이 잘못되었음을 깨달았어요.

군사들은 지쳐 있었고, 사기도 많이 떨어져 있었어요.

"후퇴하라!"

고구려군이 후퇴를 하자마자 관구검이 공격을 해 왔어요.

이 싸움에서 대부분의 고구려 병사가 목숨을 잃었고,

동천왕은 겨우 1천여 명의 군사들만 데리고 가까스로 도망갔어요.

관구검은 승리의 여세를 몰아 일부 군사는 동천왕을 쫓게 하고,

자신은 고구려의 도읍인 환도성을 공격했어요.

왕이 없는 환도성은 순식간에 잿더미로 변하고 말았어요.

소식을 들은 동천왕은 장수 밀우에게 위나라군을 막게 하고
계속 도망을 쳤어요. 그 사이 밀우까지 위나라에 포위되었다고 하자
동천왕은 유옥구를 보내 구출하게 했어요.
"내가 실수를 했구나. 백성도 잃고 군사들도 잃고……."
동천왕은 겨우 바닷가의 옥저까지 도망을 와서야 후회했어요.
"소장 유유이옵니다. 가짜로 항복을 하러 갔다가 위나라 장수를
죽일 테니 그 틈에 폐하께서는 군사들과 함께 공격을 하시옵소서."
동천왕의 눈물을 보며 유유는 귀한 음식과 술을 가지고
군사 몇 명과 함께 위나라 장수를 찾아갔어요.

평양으로 도읍을 옮기다

"더 이상 버틸 힘이 없어 항복하러 왔소이다.

그간의 나쁜 감정을 털어 내고자 음식도 가져왔습니다."

위나라 장수는 유유의 이야기를 듣고 가져온 음식을 먹으며

매우 기뻐했어요.

"저희 왕께서 편지를 주셨습니다."

유유는 편지 대신 날카로운 단검을 꺼내 위나라 장수의 목을 찔렀어요.

유유 역시 위나라 군사들에게 죽임을 당하고 말았어요.

"유유가 위나라 장수를 죽였다! 목숨을 바쳐 고구려를 지키자. 공격!"

위나라 장수의 죽음으로 사기가 오른 고구려는 다시 승리를 거두었어요.

그 후 동천왕은 즉시 환도성으로 달려갔어요.

에잇!

으윽!

40

동천왕이 환도성으로 돌아오자 산으로 숨었던 백성들도,

흩어졌던 병사들도 돌아오기 시작했어요.

관구검은 다시 고구려가 왕을 중심으로 힘을 모으자 군사들을 물렸어요.

이렇게 해서 고구려와 위나라의 7년 전쟁은 막을 내렸어요.

한편 환도성에 들어선 동천왕은 눈앞이 캄캄했어요.

남아 있는 건물이 거의 없었고, 살아남은 백성도 얼마 없었거든요.

불에 타 잿더미가 되어 버린 환도성은 더 이상 도읍이 될 수 없었어요.

동천왕은 평양성에 머물며 환도성에 궁궐을 다시 짓게 했어요.

동천왕이 머물렀던 평양이 어디인지는 정확하지 않아요.

조선 시대의 실학자 박지원은 〈도강록〉에서 고구려의 평양은

땅의 이름이 아니라 '왕이 머무른 곳'이라고 했어요.

고구려의 '평양'이라는 말은 어느 한 도시를 가리키는 말이 아니라는

뜻이지요. 우리나라의 '서울'이라는 도시 이름은 '수도'를 뜻하는 말로도

쓰여요. 당시의 '평양'도 마찬가지였을 거예요.

동천왕이 머무른 평양은 압록강 너머 한참 먼 곳에 있었을 거예요.

지금의 평양은 동천왕이 죽고 나서 시간이 한참 흐른 뒤에,

광개토 대왕이 도시를 세우면서 '평양'이라고 부른 곳이에요.

고구려의 역사를 공부하면서 '고구려의 평양'이 꼭 '오늘날의 평양'이

아닐 수도 있다는 사실을 이해하는 것이 좋겠어요.

삼국 중 가장 먼저 국가 체제를 세운 고구려

고구려는 삼국 중에서 가장 먼저 국가 체제를 다졌어요. 졸본성에서 국내성으로 도읍을 옮긴 고구려는 활발한 정복 활동을 펼쳐 군사력과 경제력을 키웠어요. 이를 토대로 왕권이 안정되면서 왕위가 대대로 이어지게 되었고, 중앙 집권화가 이루어지게 되었지요.

❀ 형제 상속에서 부자 상속으로

고구려의 제9대 임금인 고국천왕은 나라를 동·서·남·북·중의 5부로 나누어 다스리고 왕위를 형제 상속에서 부자 상속으로 바꾸었어요. 왕위가 형제에게 상속되던 것이 아버지에서 아들로 상속된 거예요. 왕위를 아들에게 물려주면 왕권을 더욱 안정시킬 수 있고, 정책을 계속 펼쳐 나가는 데에 형제 상속보다 부자 상속이 유리했어요.
이 과정에서 족장들은 중앙 귀족이 되게 했어요.
이처럼 부자 상속 원칙이 세워졌다는 것은 그만큼 왕권이 강화되었음을 뜻하는 거예요.

▲ 농사의 신이 그려진 오회분 4호묘

❀ 을파소와 진대법

고국천왕은 훌륭한 대신들을 널리 뽑아 썼으며, 특히 을파소를 국상으로 등용했어요. 국상은 오늘날의 국무총리에 해당돼요. 을파소는 유리왕 때 대신을 지냈던 을소의 손자예요. 을파소는 왕에게 진대법을 시행할 것을 제안했어요.
진대법은 가난한 백성을 구제하기 위한 우리나라 최초의 구휼 제도로서 먹을거리가 부족한 봄에 곡식을 빌려 주었다가 가을에 추수한 것으로 갚도록 한 제도였어요. 가난한 농민이 귀족의 노예가 되는 것을 막기 위한 것이었지요.

🌸 중국의 분열과 고구려의 성장

고구려 제9대 고국천왕 때부터 제11대 동천왕 때까지 중국은 큰 혼란을 겪었어요. 고국천왕 때에는 한나라의 힘이 약해지면서 위·촉·오 삼국으로 갈라지기 시작하더니, 산상왕 때에는 마침내 한나라가 무너지고 삼국 시대로 접어들었어요. 동천왕 때 삼국은 한창 세력 다툼을 벌이게 돼요. 고구려가 성장하는 데에는 중국의 분열이 큰 몫을 했어요. 위나라는 촉나라와 오나라를 누르는 데 힘을 쏟으려면 고구려와 좋은 관계를 유지해야 했어요. 오나라도 마찬가지였지요.

고조선의 옛 땅을 되찾으려는 꿈을 가졌던 동천왕은 위나라와 적이 되었고, 마침내 요동과 현도를 차지하여 땅을 크게 넓혔어요. 그러다가 한때 위나라 군대에 밀려 나라가 무너질 위기에 처하기도 했지요.

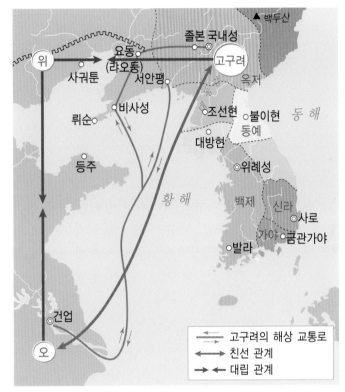

▲ 동천왕 시대의 고구려와 중국

🌸 위나라를 물리친 밀우와 유유

244년에 위나라의 관구검이 고구려에 쳐들어와 환도성을 함락했어요. 이때 동천왕은 압록원으로 피신했어요. 이듬해 관구검은 현도 태수 왕기를 시켜 다시 고구려에 쳐들어왔어요. 동천왕은 옥저로 피했지만, 왕기가 별장을 보내어 동천왕을 뒤쫓았어요. 용장 밀우가 위나라군을 막는 사이에 동천왕은 겨우 빠져나갈 수 있었지요. 동천왕은 남옥저에 이르렀으나, 위군은 끝까지 쫓아갔어요. 이번에는 유유 장군이 적진으로 들어가 거짓으로 항복한 뒤 위나라 장수를 죽이고 자기도 목숨을 잃고 말았어요. 장수를 잃은 위나라군은 동천왕의 공격을 받고 낙랑으로 도망가고 말았답니다.

▲ 동천왕 때 고구려를 침략한 관구검 기공비

고구려 사람들의 생활 모습

고구려 사회는 귀족, 평민, 노비로 신분이 나뉘어 있었어요. 귀족들은 많은 땅과 재산을 갖고 노비를 부렸어요. 노비는 농사를 짓거나 귀족들이 시키는 일을 했지요. 평민들은 경제적인 형편에 따라 나라에 세금을 냈어요.

❀ 고구려는 어떻게 세금을 냈을까?

- **조세** : 고구려에서는 15세가 넘는 백성은 1년에 한 번 곡식 5섬과 베 5필을 조세로 냈어요. 남의 땅을 빌려 농사를 짓는 사람은 3년에 한 번씩 10인당 베 1필을 내야 했지요.
- **군역** : 15세가 넘는 남자는 전쟁이 일어났을 때 군대에 들어가 나라를 위해 싸워야 했어요.
- **부역** : 15세 이상의 평민은 농번기를 피해 초봄이나 늦가을에 부역에 동원되었어요. 전쟁에 대비하여 성을 쌓거나 도로를 고치거나 저수지 만드는 일을 했지요.

편히 쉴 날이 없구먼!

여보게, 새참 먹을 때 안 됐나?

❀ 고구려 공예품에는 어떤 것이 있을까?

평양 부근의 고분에서 발견된 금동관은 무늬가 정교하고 아름다워요. 금귀걸이는 작은 고리에 뾰족한 장식을 매달았어요. 기와는 여러 가지 식물무늬와 도형무늬가 새겨진 암키와와 막새기와, 돌을 무늬가 새겨진 수키와, 무서운 귀신 모양의 얼굴이 새겨진 귀면기와 등이 있어요.

▲ 평양에서 출토된 금동관

▲ 강서 6호분에서 출토된 금귀걸이

▲ 평양시 평천에서 출토된 수막새기와

▲ 평양시 안학궁에서 출토된 귀면기와

한눈에 보는 연표

우리나라 역사 　　세계 역사

고구려의 왕복 ▶

환도성

산상왕은 을파소의 건의에 따라 209년에 도읍을 환도성으로 옮겼어요. 환도성은 적의 침입을 막기에 유리한 산성이지요.

환도성을 산성자 산성이라고도 하지.

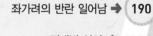

코모두스 반신상 ▶

적벽

적벽은 중국 후베이 성에 있는 양쯔 강 남쪽의 강가예요. 중국 삼국 시대에 손권과 유비가 이곳에서 조조의 대군을 크게 무찌른 곳으로 유명해요.

제갈량의 지혜로 조조의 대군을 물리친 곳이 바로 적벽이야.